Christoph Busching

PRIMA VISTA I

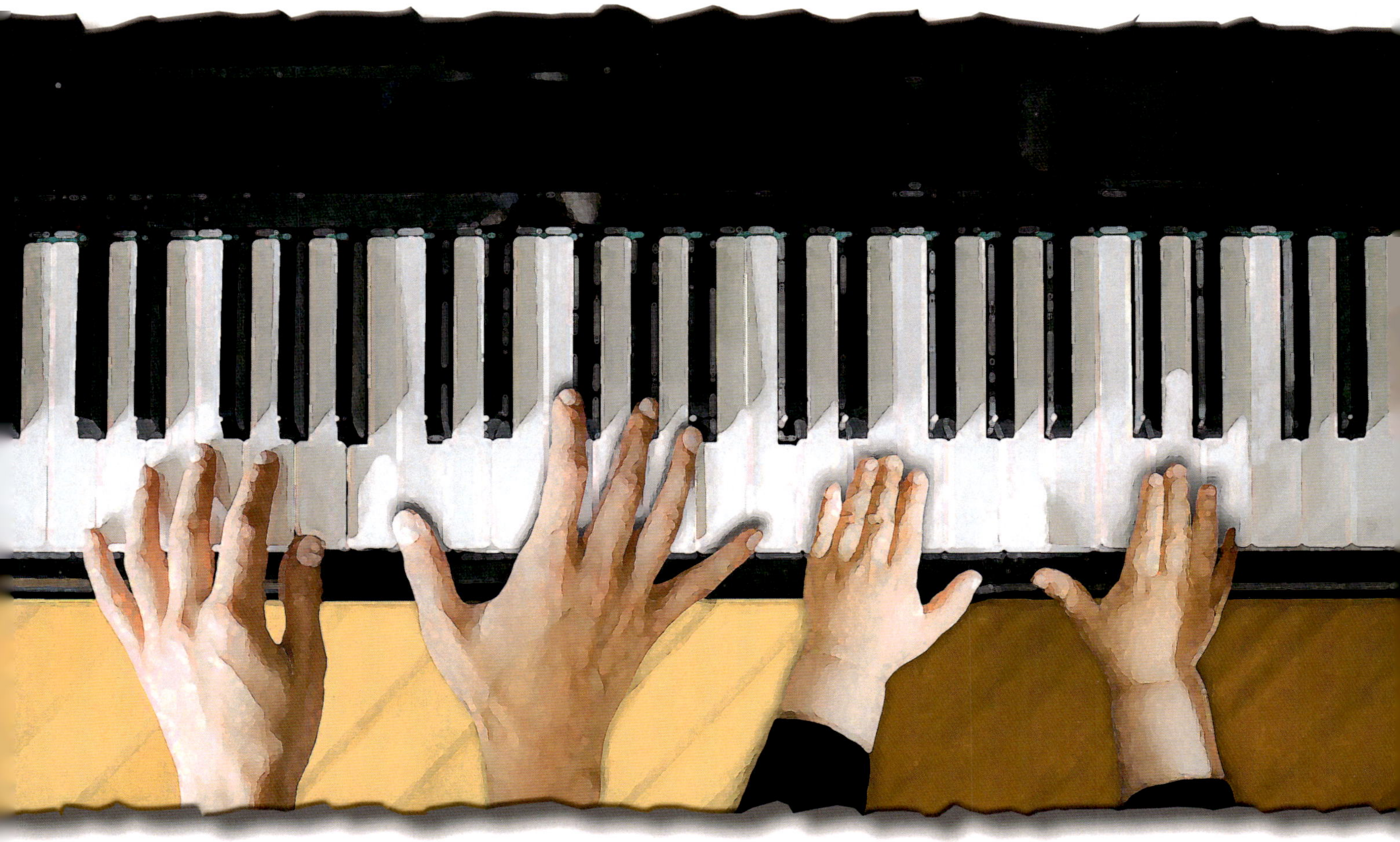

Mit Anfängern sofort vierhändig spielen
Play four-handed with beginners immediately

VERLAG

Inhalt

Content

Vorwort

Dieses Werk kann jeder Lehrer für jeden Schüler jederzeit benutzen. Auch für die Kombination Könner-Anfänger ist es bestens geeignet …

1. als Schule des Prima-Vista-Spieles allgemein.
2. zur Schulung des Tast(en)sinnes.
3. als Training für schnelles Erfassen der Noten und direktes Umsetzen in Musik.
4. als Basisübung für jede Form gemeinsamen Musizierens.
5. um schöne Melodien kennenzulernen.
6. für fortgeschrittene Schüler am Anfang der Klavierstunde zum Warmspielen.
7. als Grundlage für gemeinsames Musizieren von Schüler und Lehrer und damit als ideales Training von Sensibilität und Einfühlungsvermögen.
8. als Möglichkeit, verbleibende Zeit der Klavierstunde sinnvoll zu nutzen.
9. für Vorspielabende von Anfängern zur klanglichen Bereicherung des ansonsten etwas dürftigen einstimmigen Schülervortrags.
10. als Training für den Lehrer, sich pianistisch fit zu halten und seine Fähigkeiten im Vereinfachen zu fördern.

Der Schülerpart erklingt eine Oktave höher als notiert, was für den Anfanger keinerlei Rolle spielt.

Der Aufbau dieses Werkes gliedert sich nach methodischen Gesichtspunkten.

Der Schüler wird sehr behutsam und kontinuierlich mit den Anforderungen des Klavierspiels vertraut gemacht. Auf neu hinzukommende Schwierigkeiten (Terzschritte, Vorzeichen, freie Pausen) wird gesondert hingewiesen, um dem Lehrer die Möglichkeit zu geben, helfend einzugreifen. Durch das methodisch durchdachte Fortschreiten wird versucht zu verhindern, dass der Schüler nach fünf oder sechs gut bewältigten Stücken plötzlich „ins Schleudern gerät“, wodurch sich aufkeimender Musizierspaß in Frust verwandeln würde.

In dem vorliegenden Heft musiziert der Schüler im Bereich der Quinträume (ausgehend vom eingestrichenen C), mit denen er durch jede gute Klavierschule von Anfang an vertraut ist.

Ein Wort noch an meine Lehrerkollegen: Eure Parts sind zum Teil pianistisch recht anspruchsvoll, schon auf Grund der polyphonen Satzweise. lch gehe davon aus, dass der Lehrer Klavier spielen kann und Erfahrung im Prima-Vista-Spiel hat. Hierin liegt auch eine Herausforderung für den Lehrer. Das klangliche Ergebnis spricht für sich. Bitte nicht böse sein, dass die vier- bis fünfstimmigen polyphonen Sätze teilweise nach satztechnischen und nicht nach pianistischen Gesichtspunkten notiert sind.

Mit Ausnahme der Volksliedmelodien stammen sämtliche Kompositionen und Arrangements vom Autor, sofern nicht anders vermerkt. Diese im klassisch-romantischen Stil gehaltenen Miniaturen erheben keinerlei Anspruch auf musikhistorische Gültigkeit, überzeugen aber durch ihren klanglichen Reiz.

Das vorliegende Werk hat sich in meiner eigenen Unterrichtspraxis schon hundertfach bewährt. Vor allem von Jugendlichen oder erwachsenen Schülern kommt immer wieder die Bitte, „Christoph, können wir heute nicht vierhändeln, ich hab' leider keine Zeit zum Üben gehabt?“.

Statt langatmige Vorträge über Artikulation, Phrasierung und Ähnliches zu halten, ist es wirklich sinnvoller, mit dem Schüler gemeinsam zu musizieren. Der pädagogische Effekt ist enorm, das Zusammengehörigkeitsgefühl zwischen Schüler und Lehrer wird gestärkt, und das Ganze macht einfach Spaß. Nun bleibt mir nur noch übrig, meinen Kollegen und ihren Schülern viel Freude mit diesem Band zu wünschen.

Christoph Busching

Foreword

This work can be used by any teacher for any student at any time. It is also suitable for the combination of beginners and experts ...

1. as school of the Prima Vista playing in general.
2. for the training of the sense of touch.
3. as training for fast realizing of notes and direct conversion into music.
4. as a basic exercise for every form of playing music together.
5. to get to know beautiful melodies.
6. for advanced students at the beginning of the piano lesson for a warm up.
7. as a basis for making music together by pupils and teachers and thus as an ideal training for sensitivity and empathy.
8. as a possibility to use the remaining time of the piano lesson sensibly.
9. for auditions of beginners to enrich the otherwise poor sound of the otherwise somewhat poor unanimous school recital.
10. as training for the teacher to keep fit on the piano and to promote his abilities in simplifying.

The student part sounds an octave higher than notated, which plays no role for the beginner.

The structure of this work is structured according to methodological aspects.

The student is made very cautiously and continuously familiar with the requirements of playing the piano. New difficulties (steps in thirds, key signatures, free rests) are pointed out separately in order to give the teacher the opportunity to help. The methodically thought-out progression attempts to prevent the student from suddenly "skidding" after five or six well mastered pieces, which would turn budding music-making fun into frustration.

In this book, the pupil plays in the area of the perfect fifths (starting with the C), with which he is familiar from the beginning through every good piano school.

A word to my teacher colleagues: Some of your parts are quite demanding pianistically, already because of the polyphonic movement. I assume that the teacher can play the piano and has experience in Prima Vista playing. This is also a challenge for the teacher. The tonal result speaks for itself. Please don't be angry that the four- to five-voice polyphonic movements are partly notated according to technical and not pianistic aspects.

With the exception of the folk song melodies, all compositions and arrangements are by the author, unless otherwise noted. These miniatures, kept in the classical-romantic style, do not claim any validity in music history, but convince by their tonal charm.

This work has been preserved a hundred times in my own teaching practice. Especially from teenagers or adult pupils the request comes again and again: "Christoph, can't we play four hands today, unfortunately I didn't have the time to practice?"

Instead of giving lengthy lectures on articulation, phrasing and the like, it really makes more sense to make music together with the pupil. The pedagogical effect is enormous, the feeling of togetherness between student and teacher is strengthened and the whole thing is simply fun. Now all that remains is for me to wish my colleagues and their students much joy with this volume.

Christoph Busching

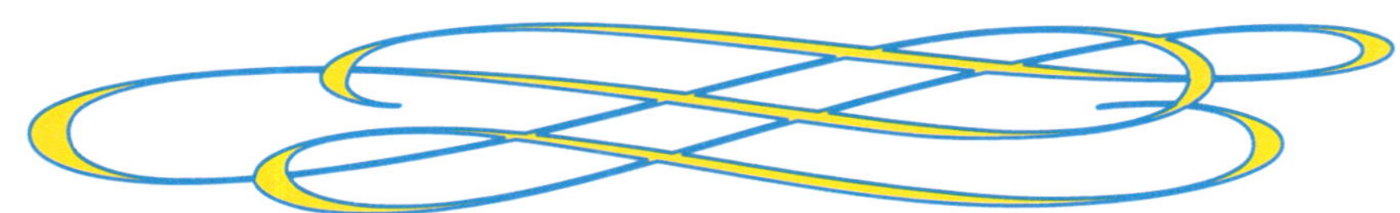

Frühlingssonne / Spring Sun

Die Luft ist blau / The Air Is Blue

AMA VERLAG

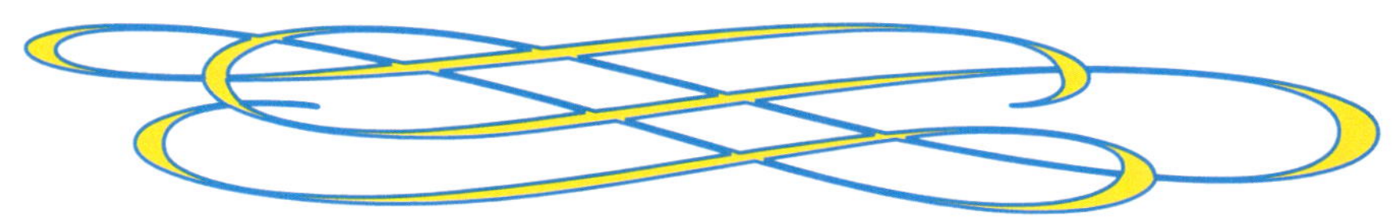

Frühlingssonne / Spring Sun

Diese Schülerparts (jeweils rechte Seite) werden eine Oktave höher gespielt als notiert. / These pupil parts (each right side) are played one octave higher than written down.

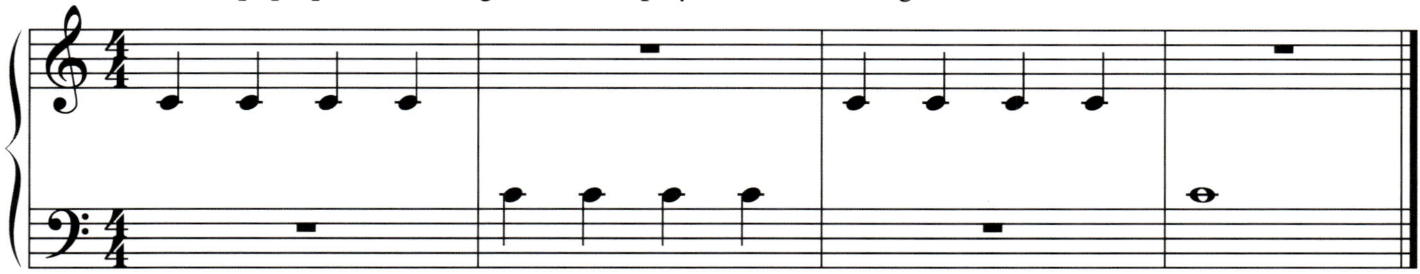

Die Luft ist blau / The Air Is Blue

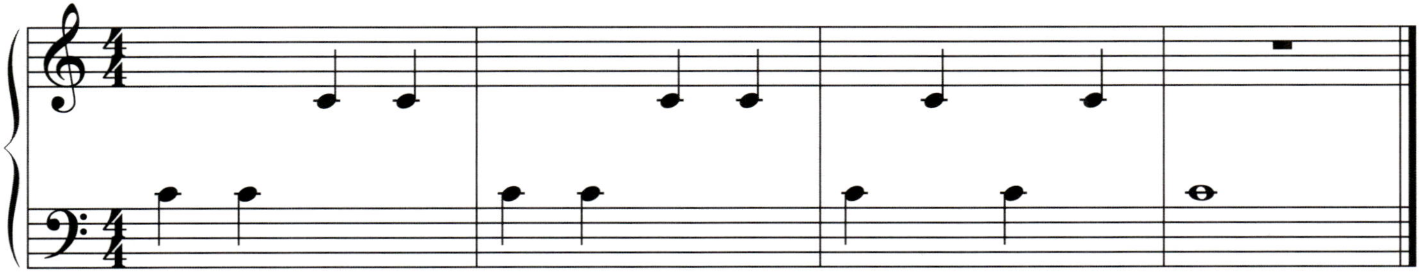

Laub fällt von den Bäumen / Foliage Falls from the Trees

Der Seemann liebt die Brise / The Sailor Loves the Breeze

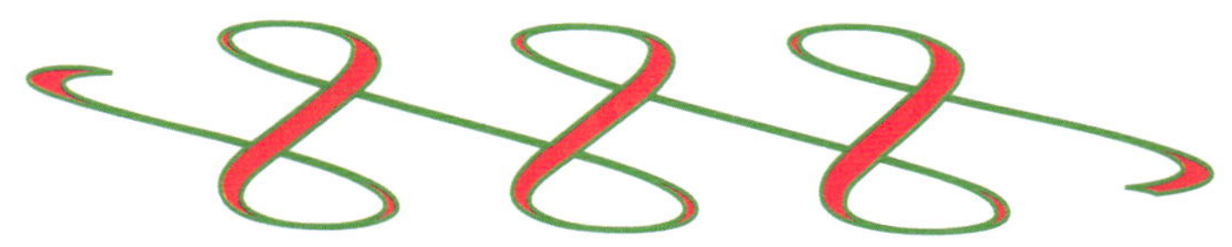

Laub fällt von den Bäumen / Foliage Falls from the Trees

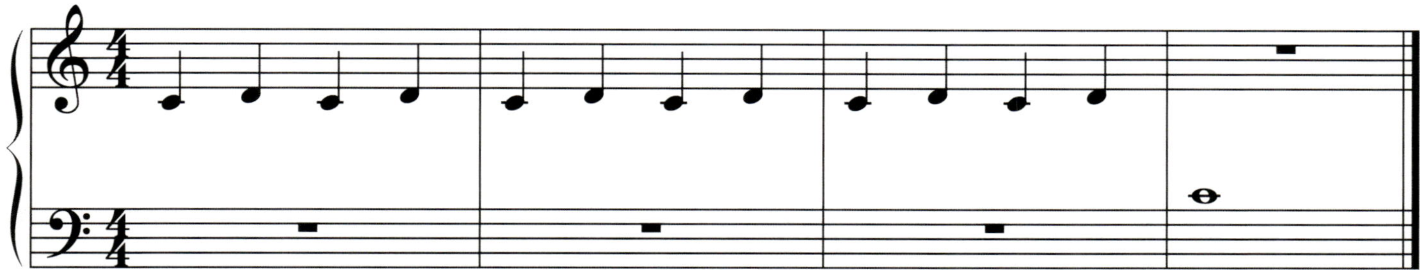

Der Seemann liebt die Brise / The Sailor Loves the Breeze

Es ist schon Schnee gefallen / Snow Has Already Fallen

Ich bringe meine Freunde mit / I'll Bring My Friends

AMA VERLAG

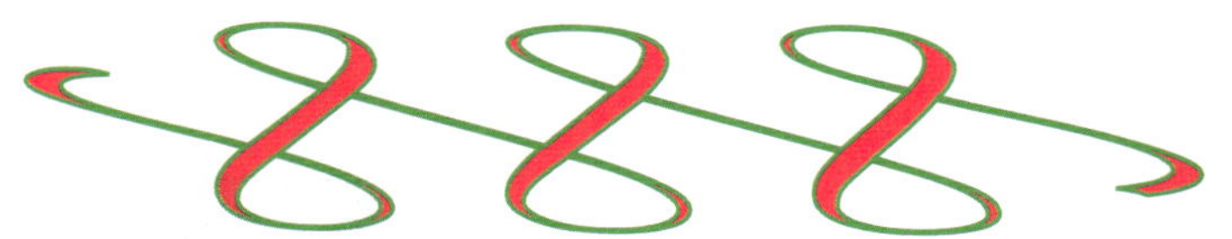

Es ist schon Schnee gefallen / Snow Has Already Fallen

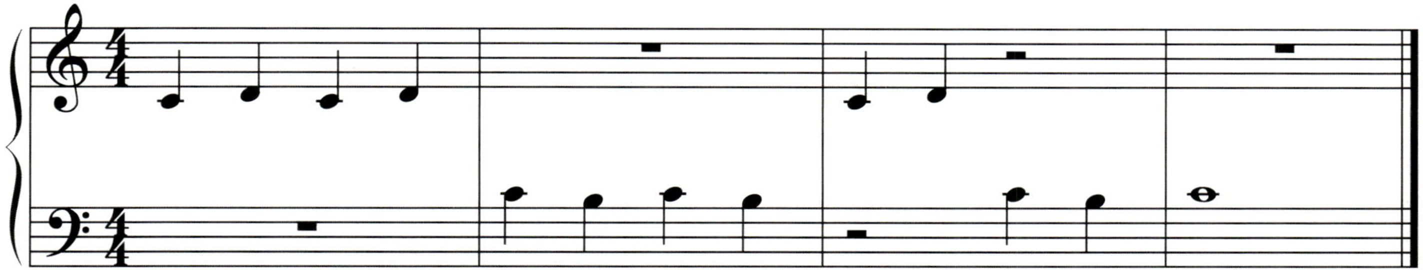

Ich bringe meine Freunde mit / I'll Bring my Friends

Zirkusattraktion / Circus Attraction

Die Vögel tanzen Ringelreih / The Birds Dance Ringelreih

AMA VERLAG

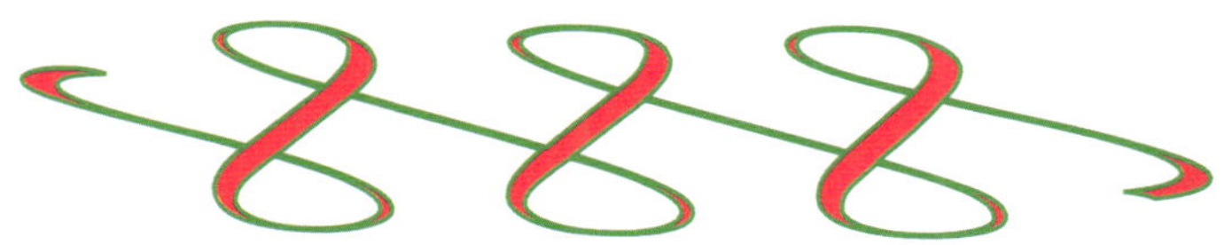

Zirkusattraktion / Circus Attraction

Die Vögel tanzen Ringelreih / / The Birds Dance Ringelreih

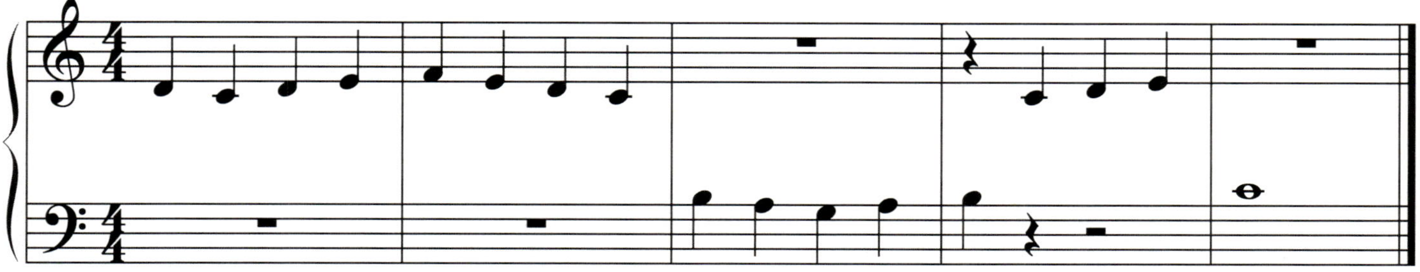

Ein kleines Segelschiffchen / A Small Sailing Boat

Lento

Ein kleines Segelschiffchen / A Small Sailing Boat

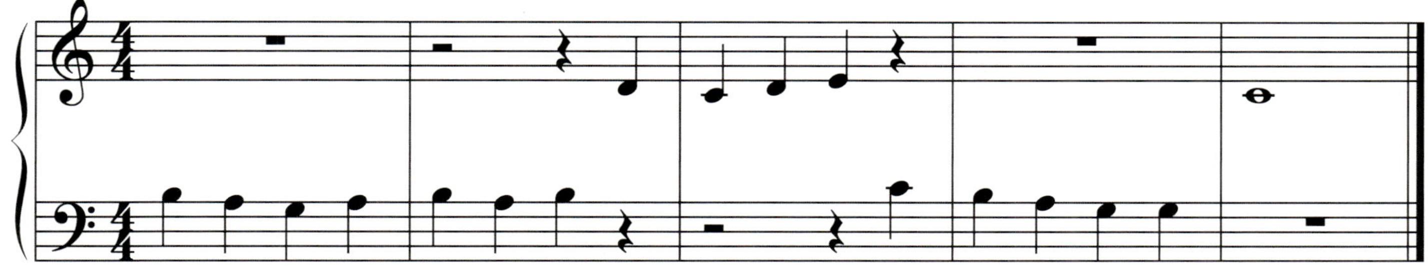

Lento

Der Gespensterjäger / The Ghost Hunter

Der Fischer holt die Leinen ein / The Fisherman Catches the Lines

AMA VERLAG

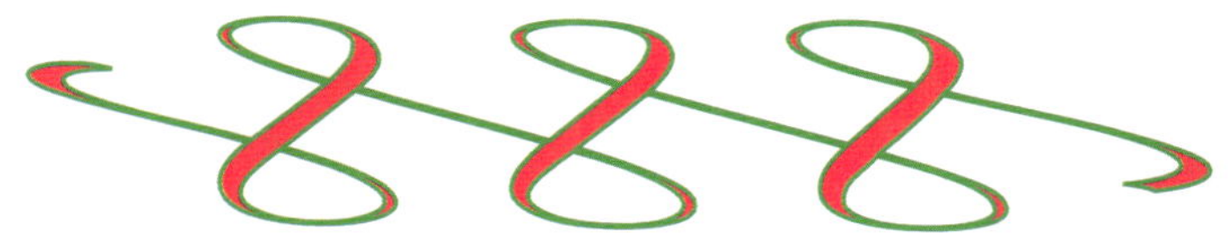

Der Gespensterjäger / The Ghost Hunter

Der Fischer holt die Leinen ein / The Fisherman Catches the Lines

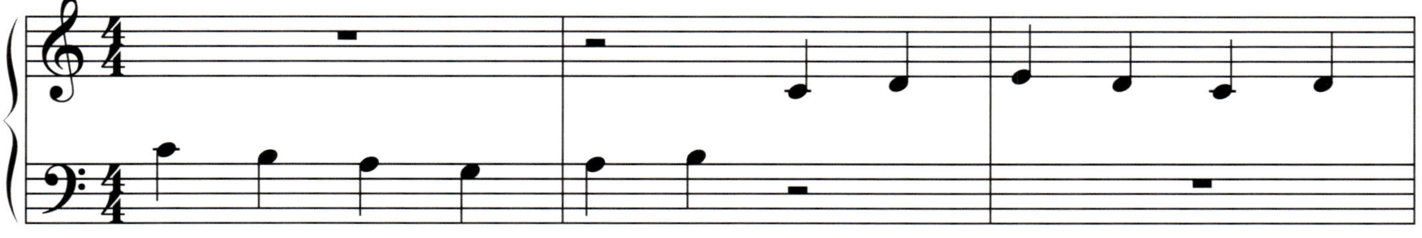

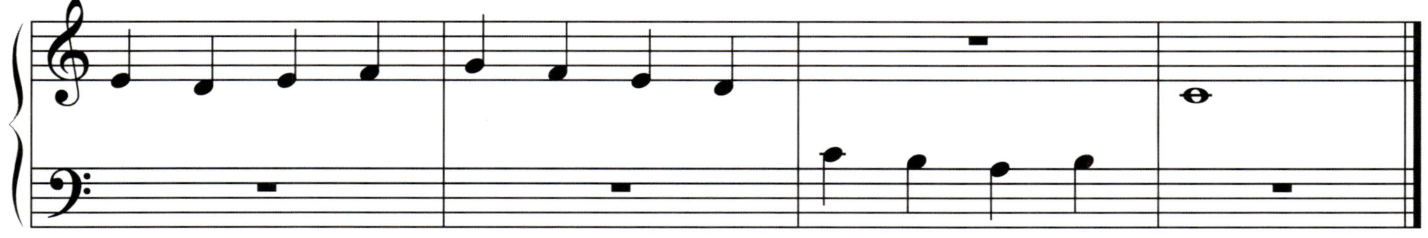

Alla marcia

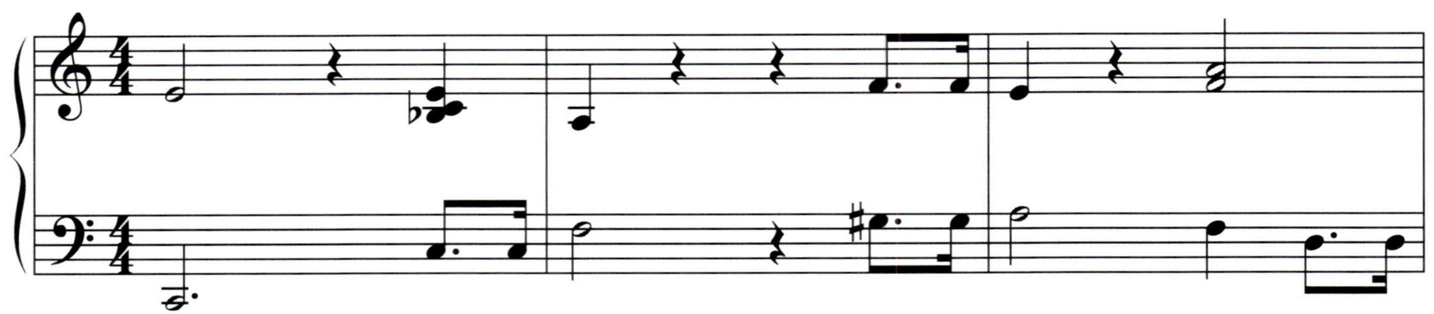

Alla marcia

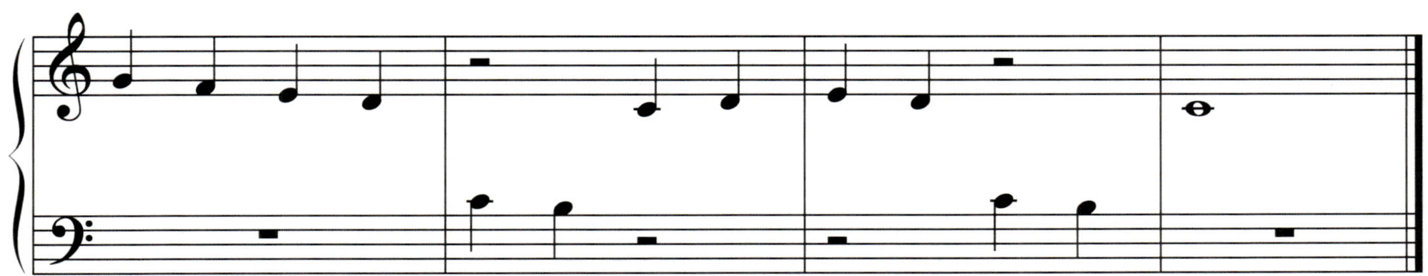

Die sprechenden Blumen / The Talking Flowers

AMA VERLAG

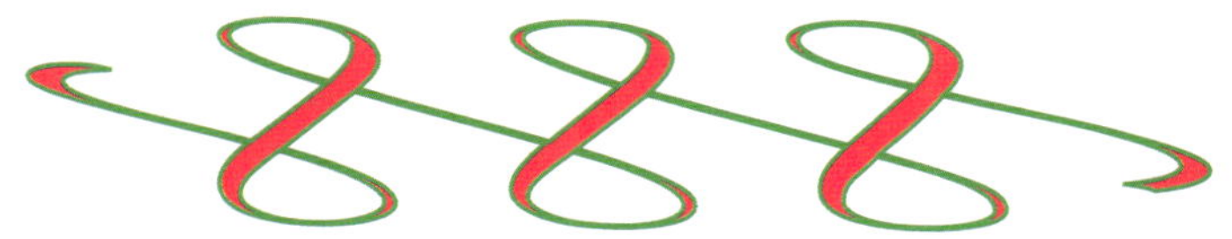

Die sprechenden Blumen / The Talking Flowers

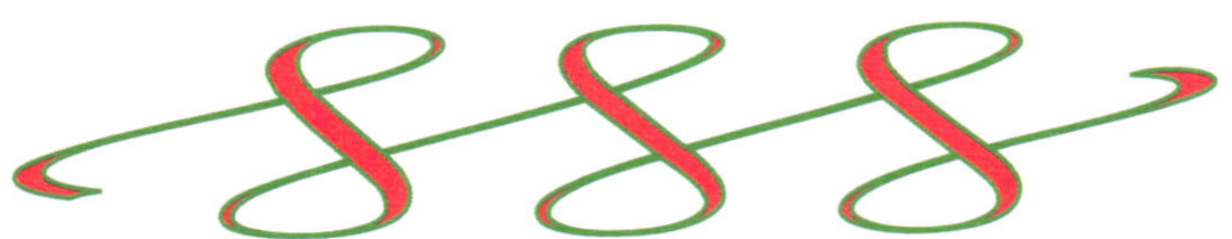

Allegro molto

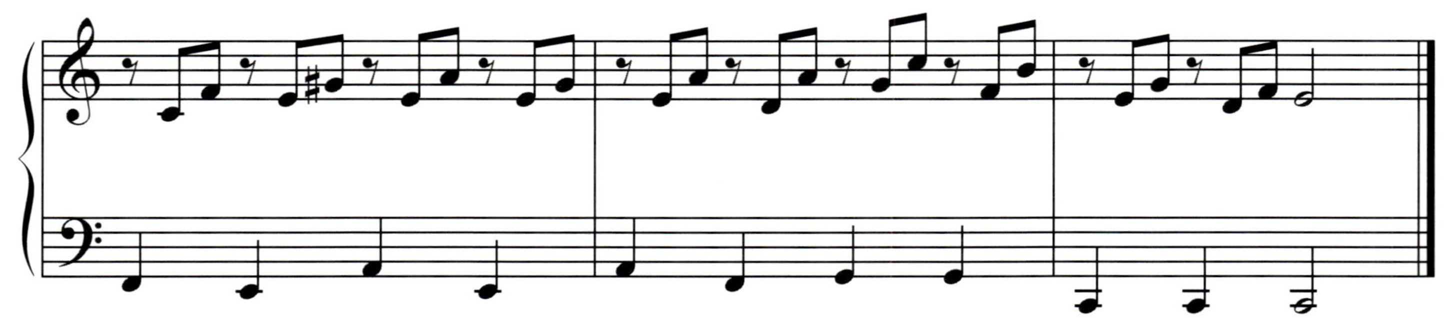

AMA VERLAG

Allegro molto

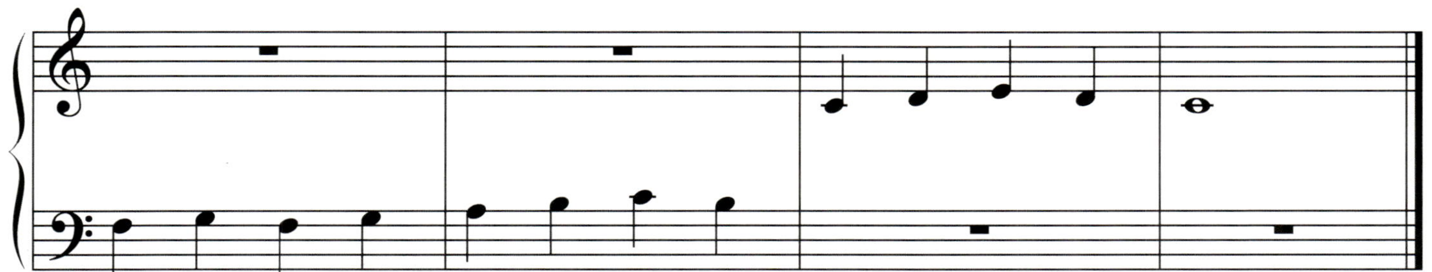

Largo

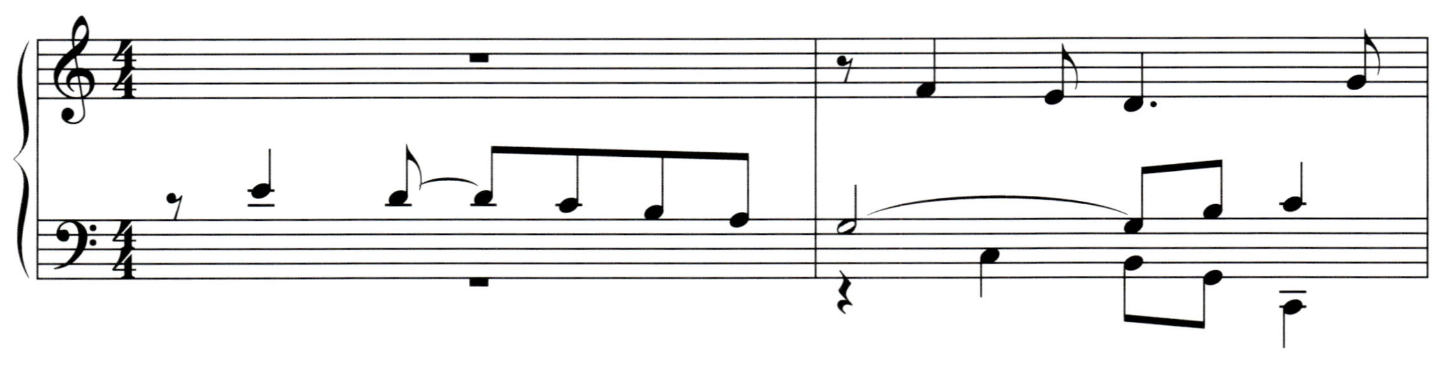

AMA VERLAG

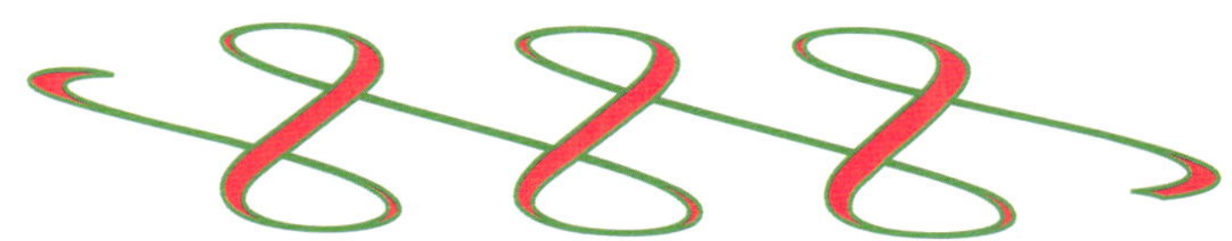

Largo

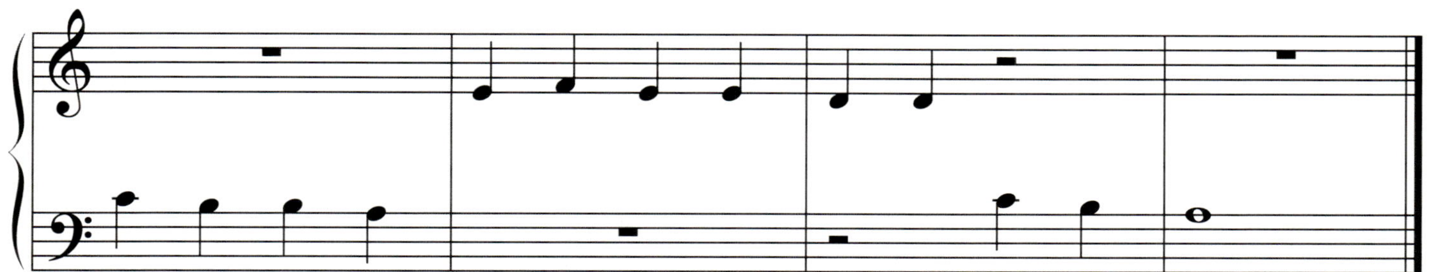

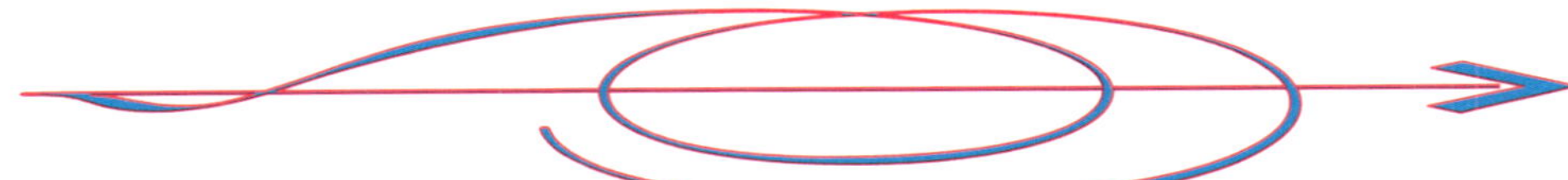

Der kleine wilde Vogel / The Little Wild Bird

AMA VERLAG

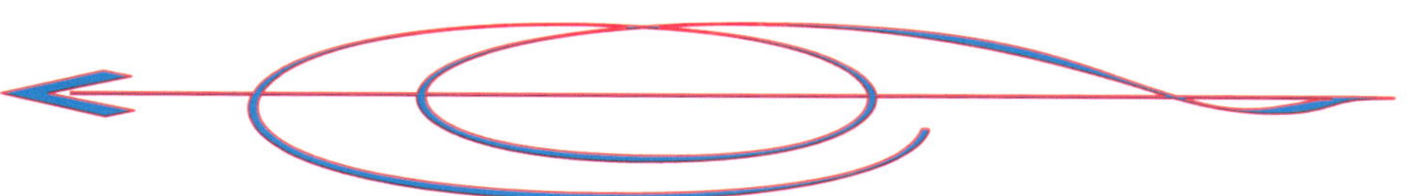

Der kleine wilde Vogel / The Little Wild Bird

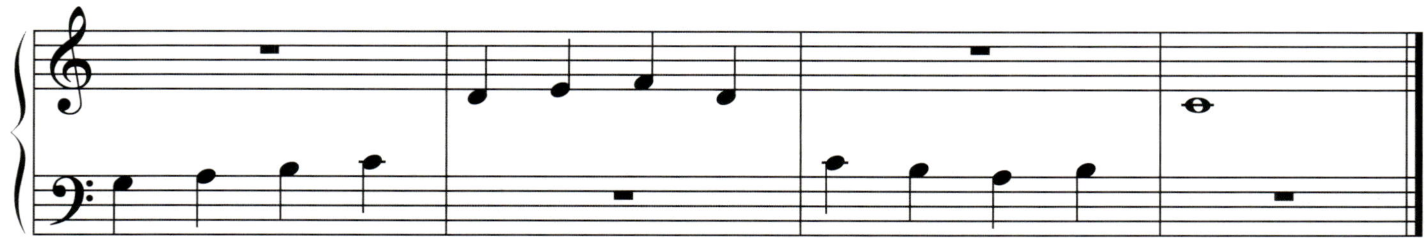

Lento

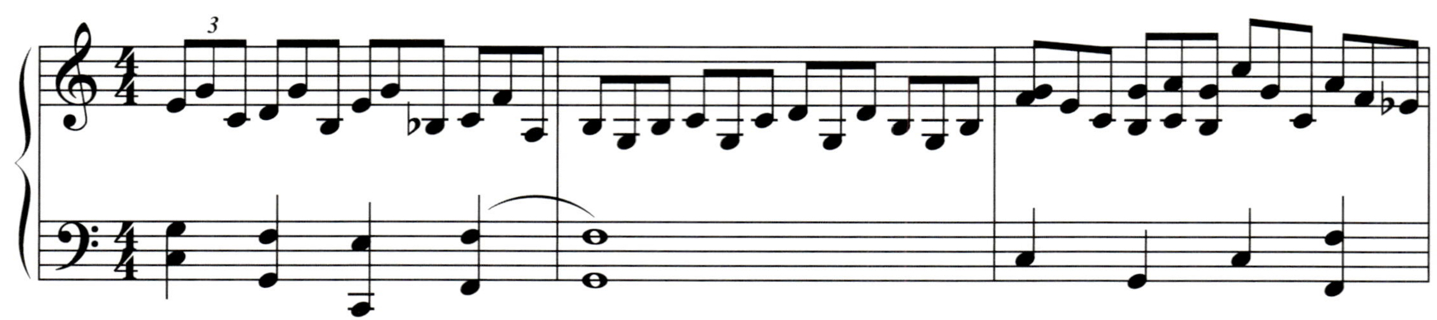

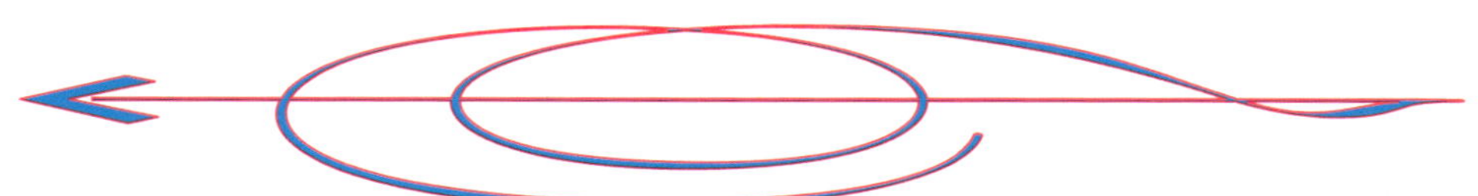

Lento

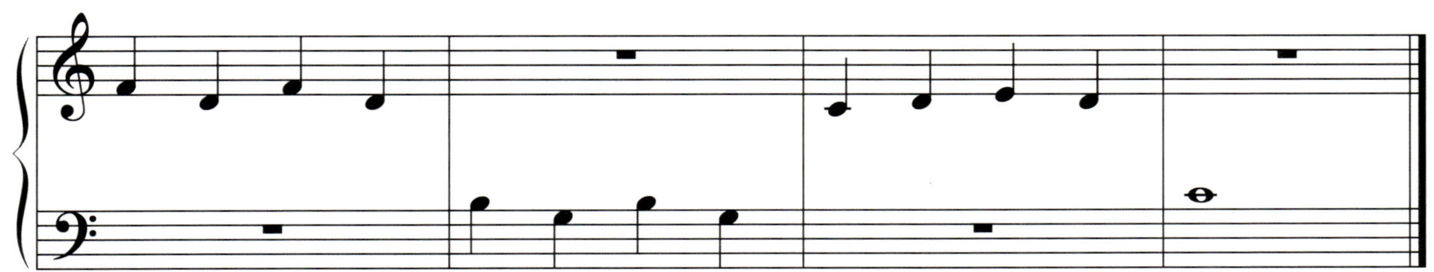

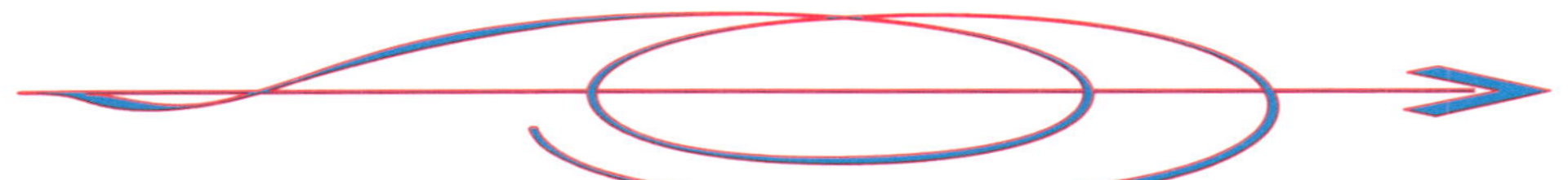

Grave

AMA VERLAG

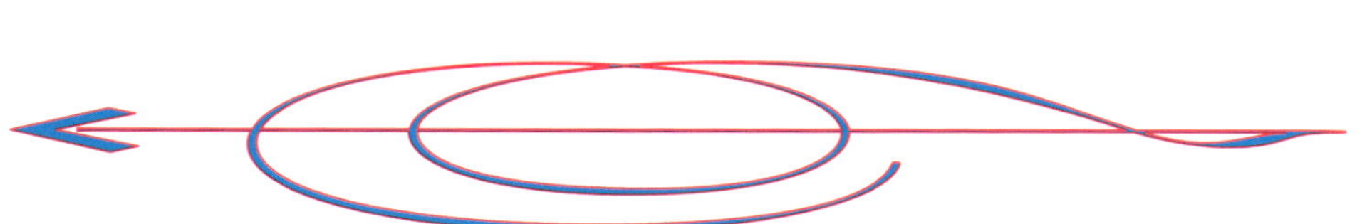

Grave

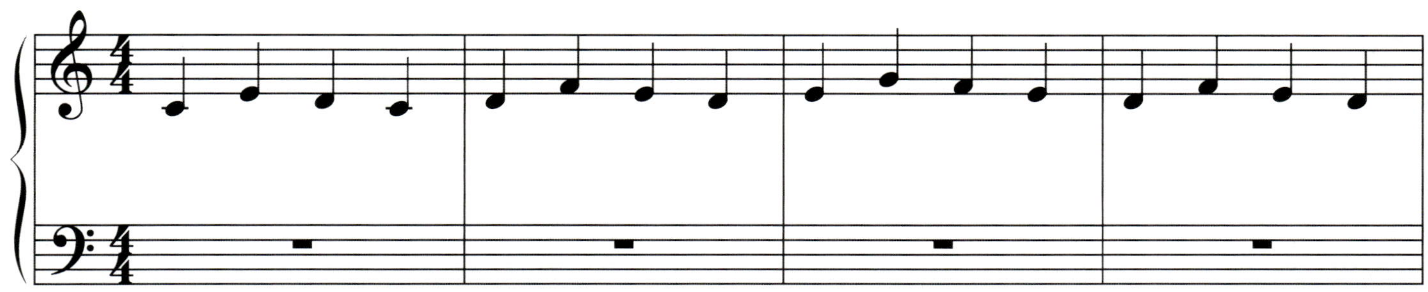

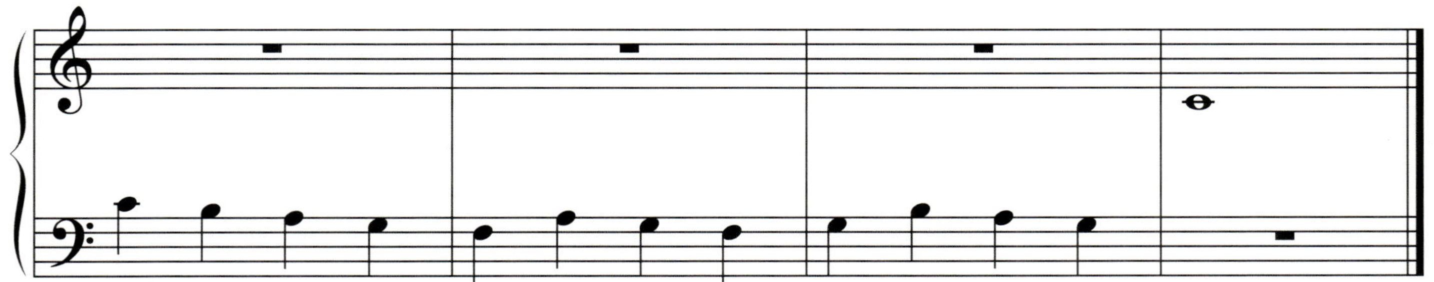

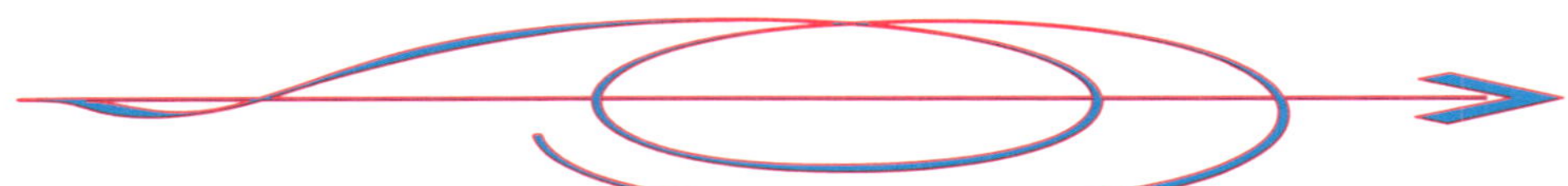

Wir klatschen im Rhythmus der Trommel / We Clap to the Rhythm of the Drum

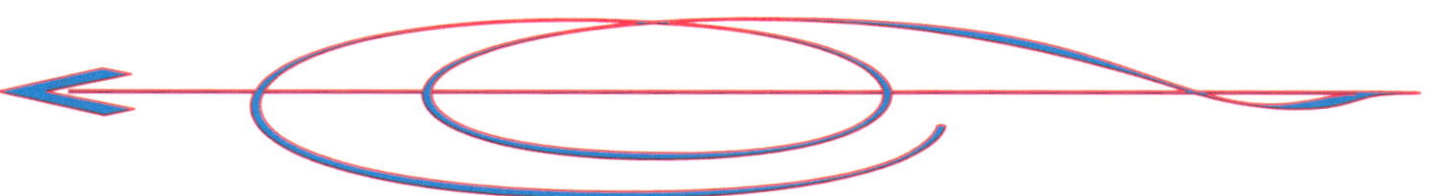

Wir klatschen im Rhythmus der Trommel / We Clap to the Rhythm of the Drum

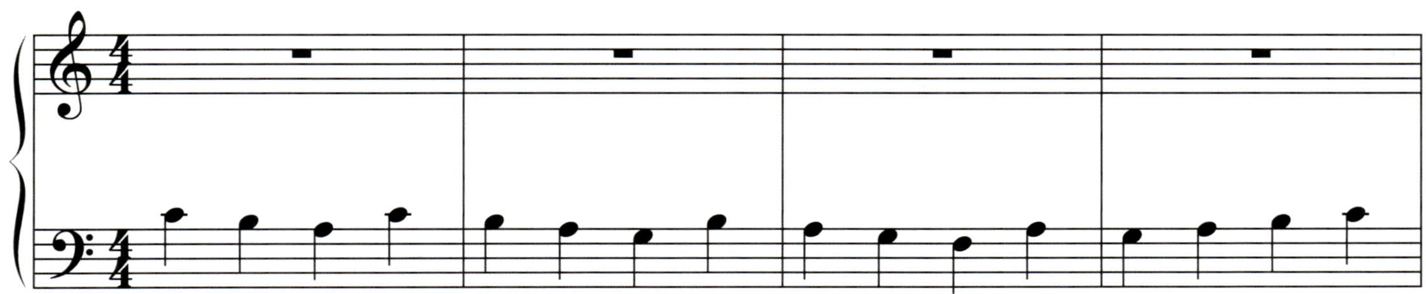

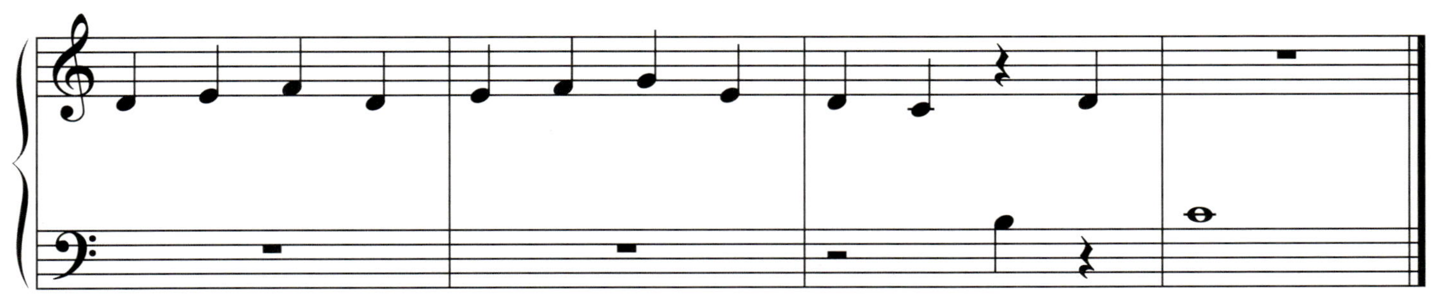

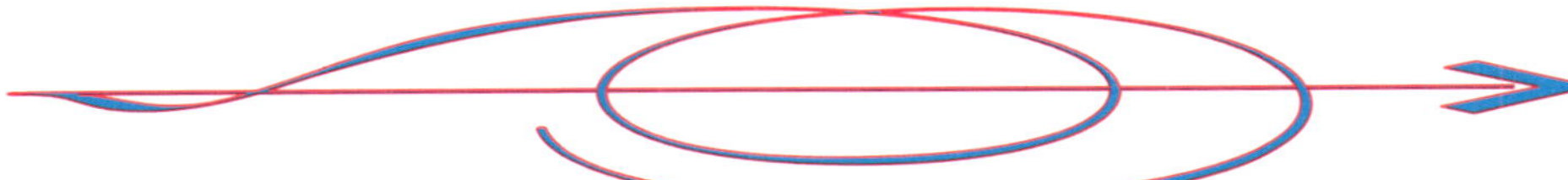

Andante

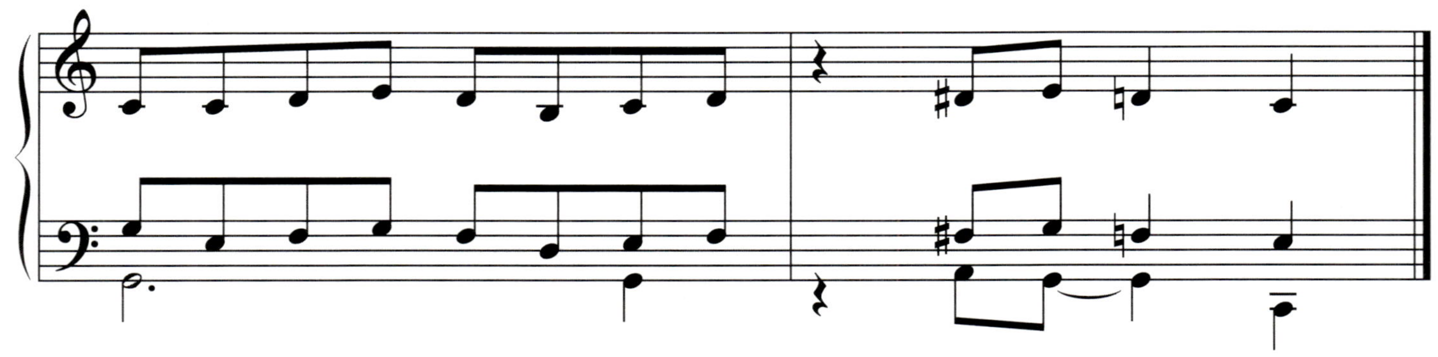

AMA VERLAG

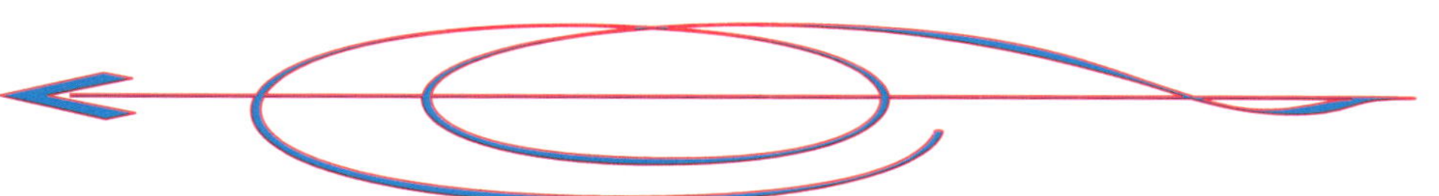

Andante

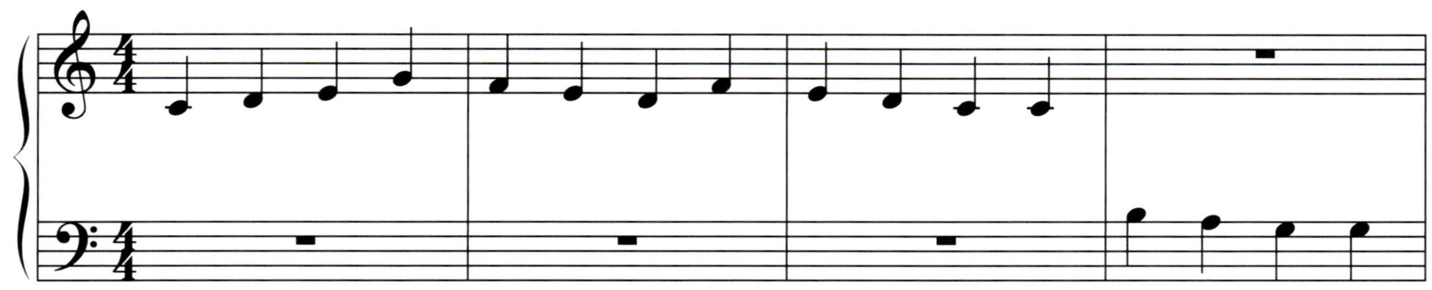

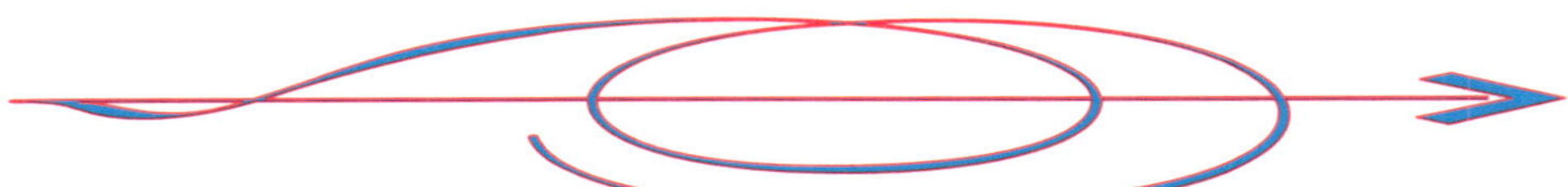

Ich bin heute so vergnügt / I Am So Happy Today

Kanon / Round

AMA VERLAG

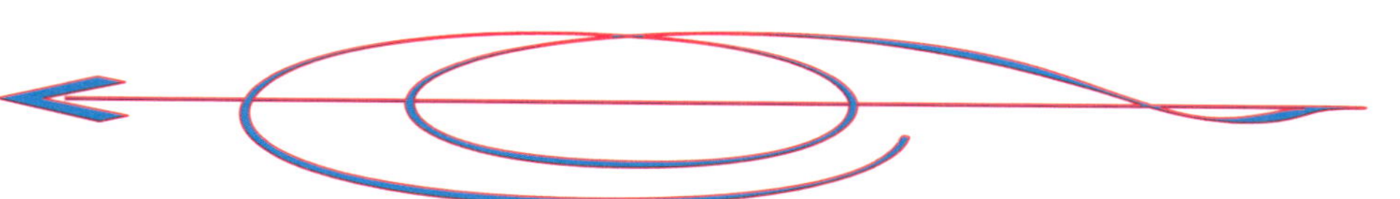

Ich bin heute so vergnügt / I Am So Happy Today

Kanon / Round

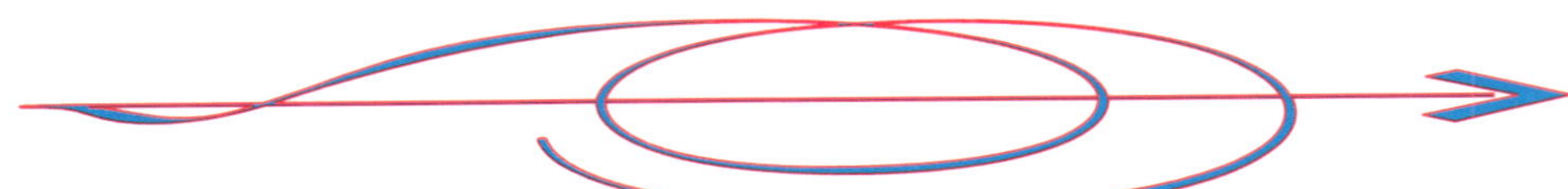

Guten Morgen, schöner Tag / Good Morning, Beautiful Day

AMA VERLAG

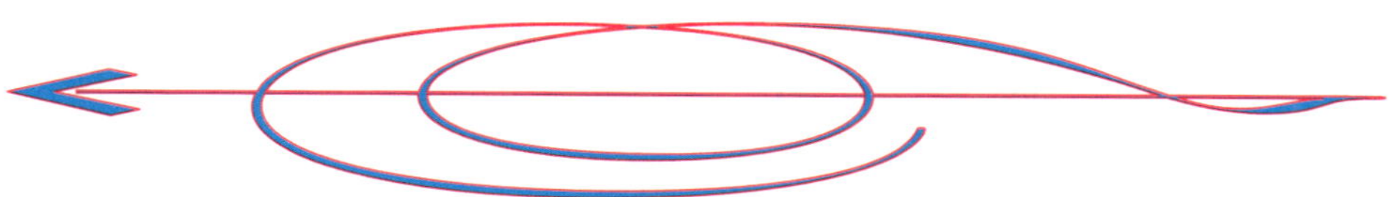

Guten Morgen, schöner Tag / Good Morning, Beautiful Day

Hörst du das Rauschen des Waldes? / Do You Hear the Sound of the Forest?

Largo

AMA VERLAG

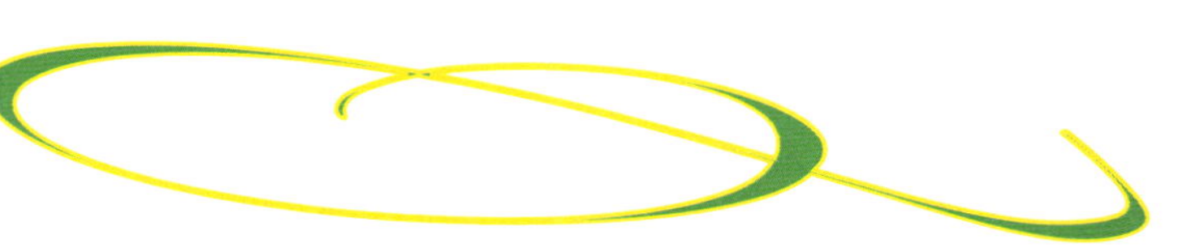

Hörst du das Rauschen des Waldes? / Do You Hear the Sound of the Forest?

Largo

Lämmchen, Schäfchen, Zicklein / Lamb, Sheep, Kid

AMA VERLAG

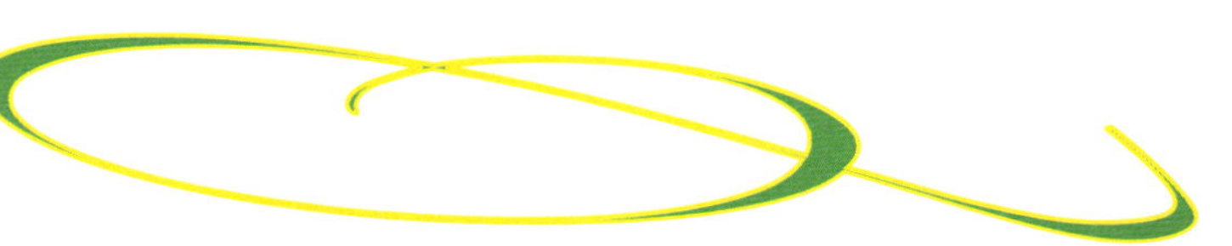

Lämmchen, Schäfchen, Zicklein / Lamb, Sheep, Kid

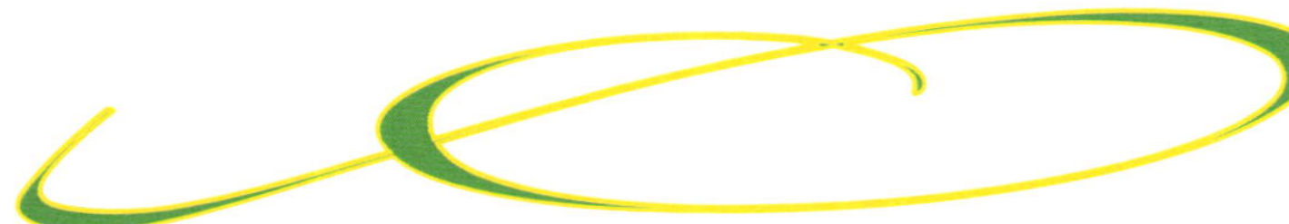

Komm, gib mir deine Hand / Come on, Give Me Your Hand

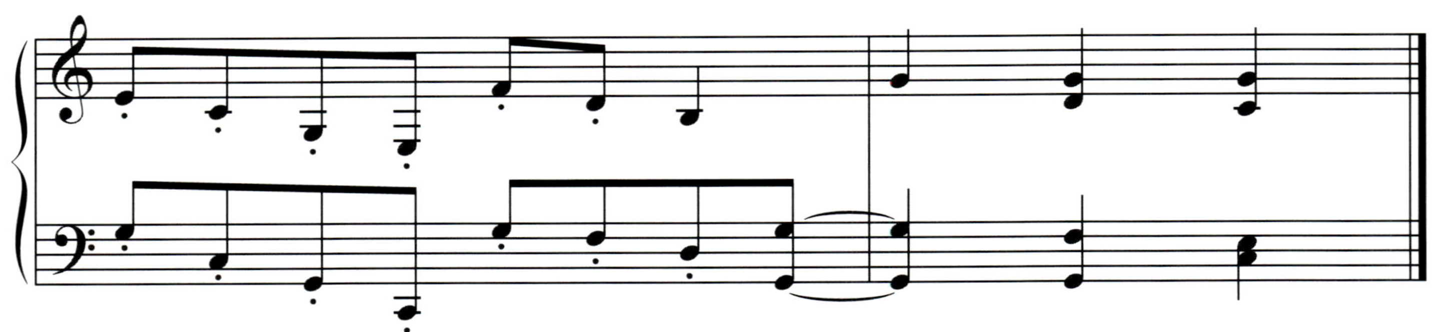

AMA VERLAG

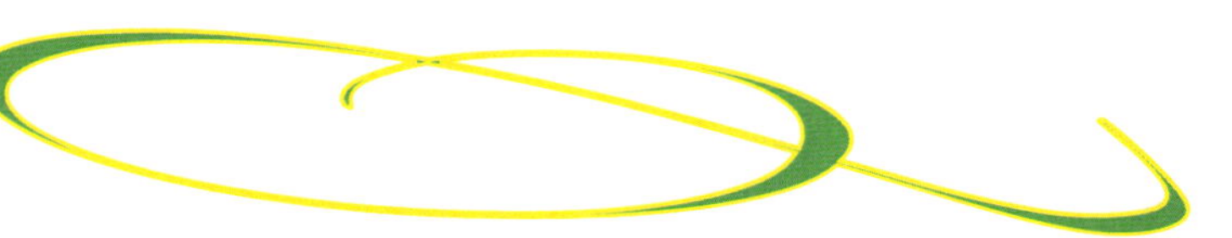

Komm, gib mir deine Hand / Come on, Give Me Your Hand

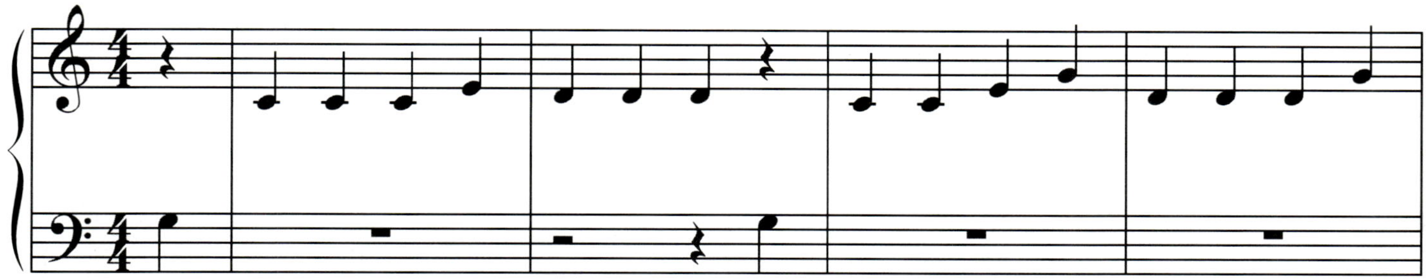

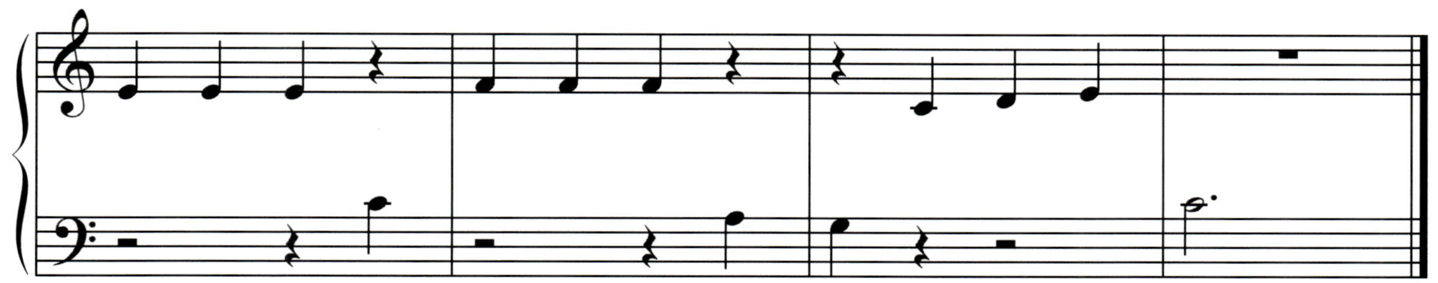

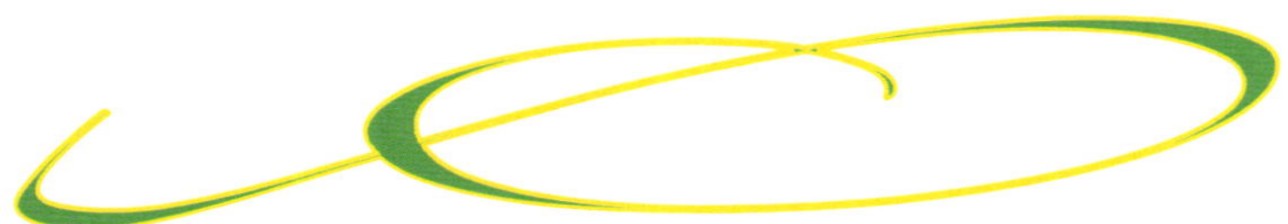

Jimba, jamba, jumba

3

3

AMA VERLAG

Jimba, jamba, jumba

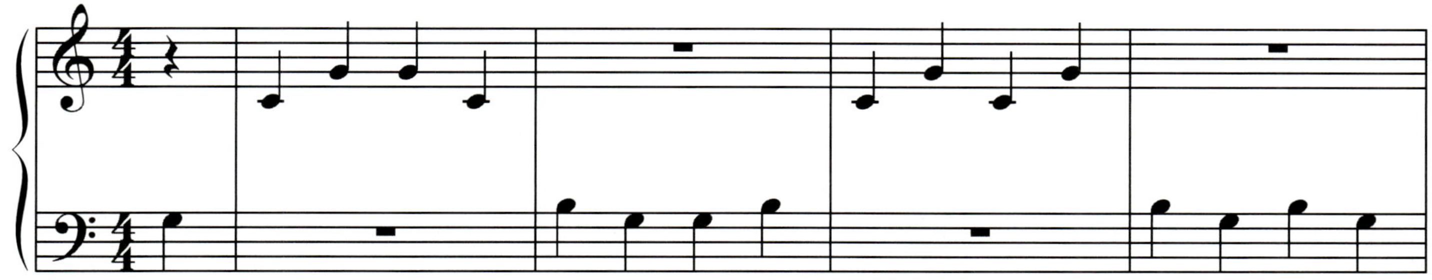

Ich mag diese Blumen / I Like those Flowers

AMA VERLAG

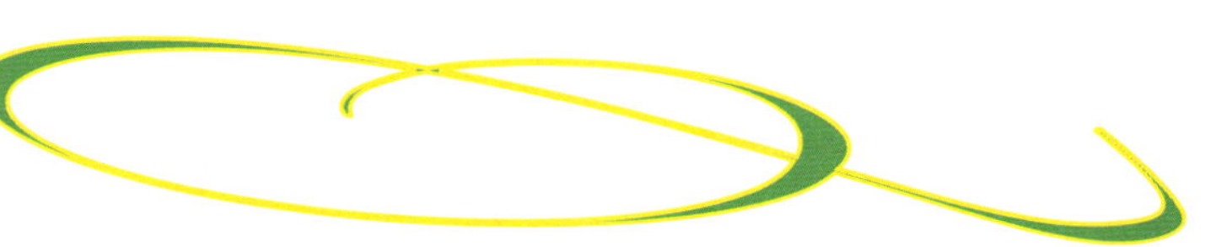

Ich mag diese Blumen / I Like those Flowers

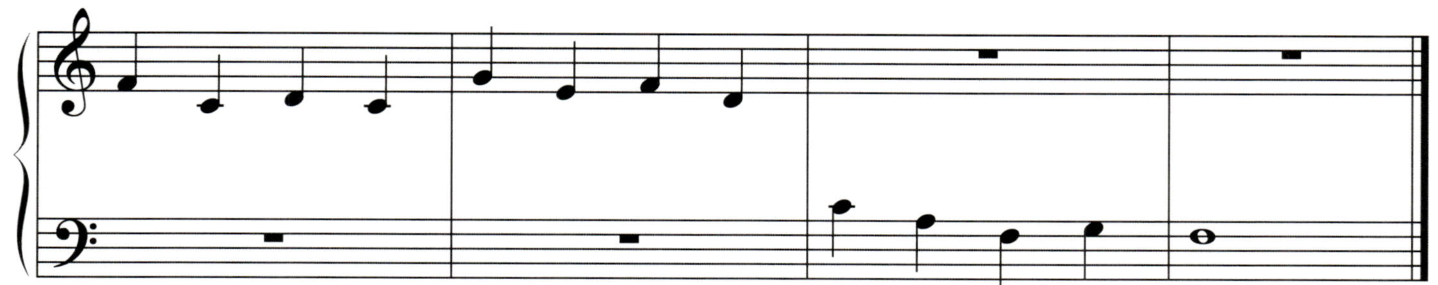

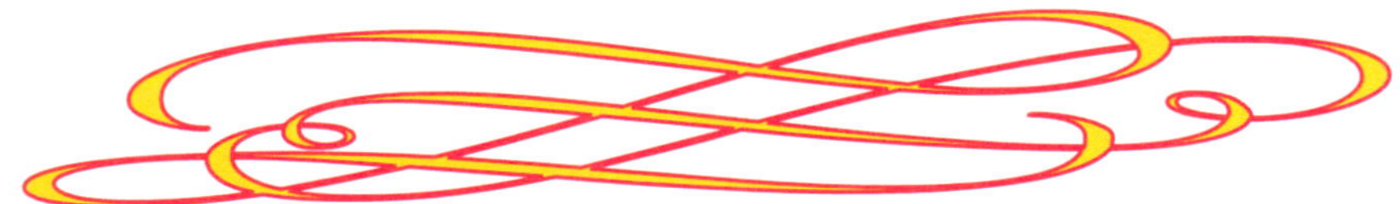

Bernie, der Käfer / Bernie the Beetle

Allegretto

AMA VERLAG

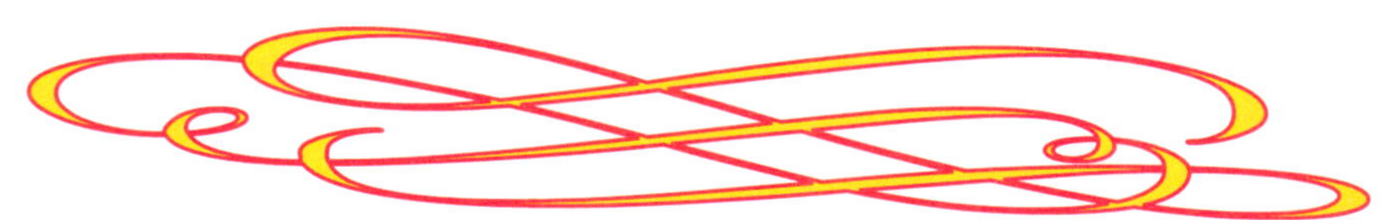

Bernie, der Käfer / Bernie the Beetle

Allegretto

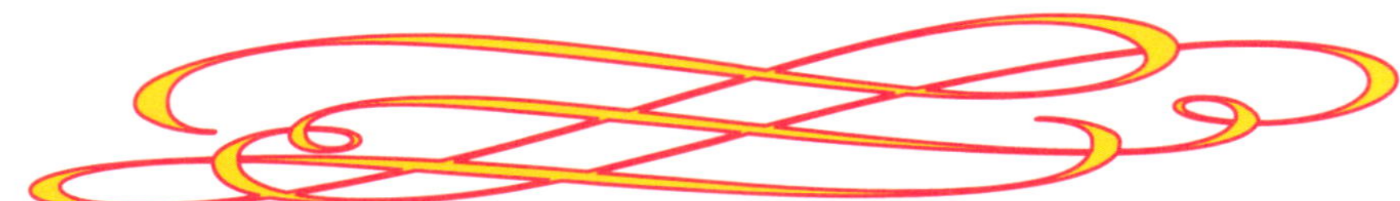

Allegretto

AMA VERLAG

Allegretto

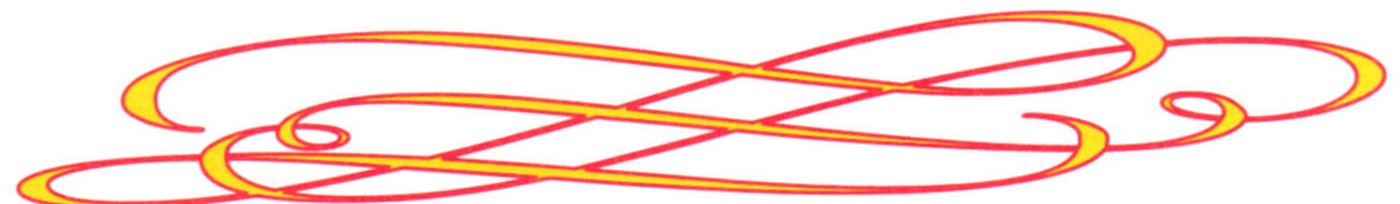

Andantino

Wir stehen auf den blauen Bergen / We Stand on the Blue Mountains

Andantino

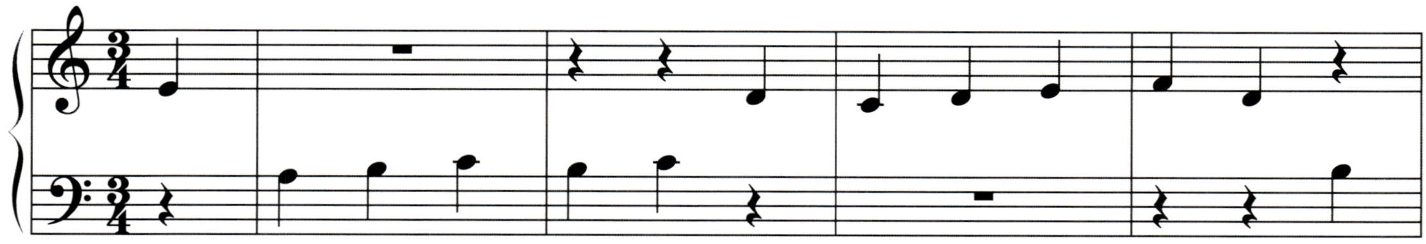

Wir stehen auf den blauen Bergen / We Stand on the Blue Mountains

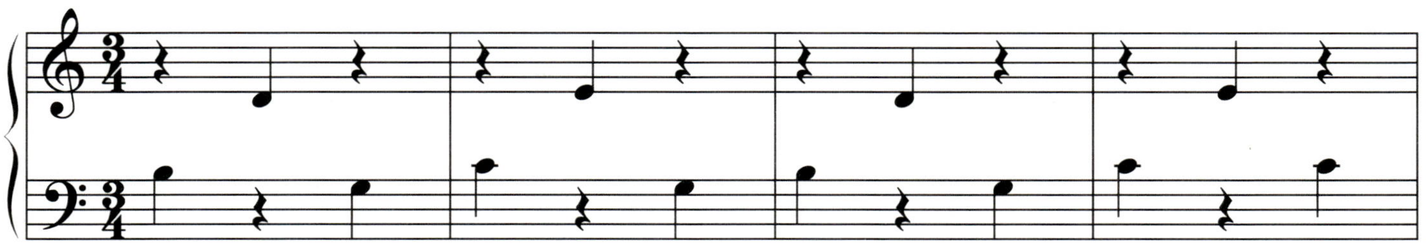

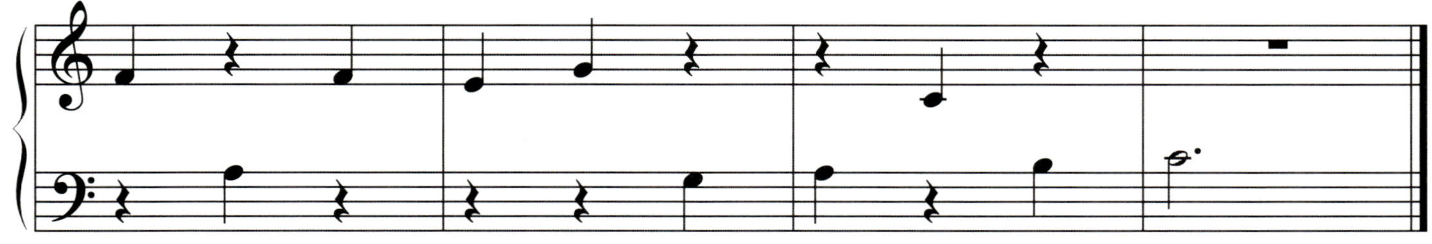

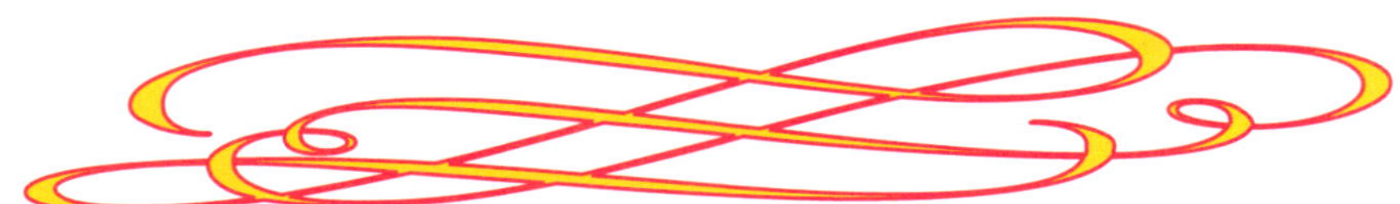

Adagio

AMA VERLAG

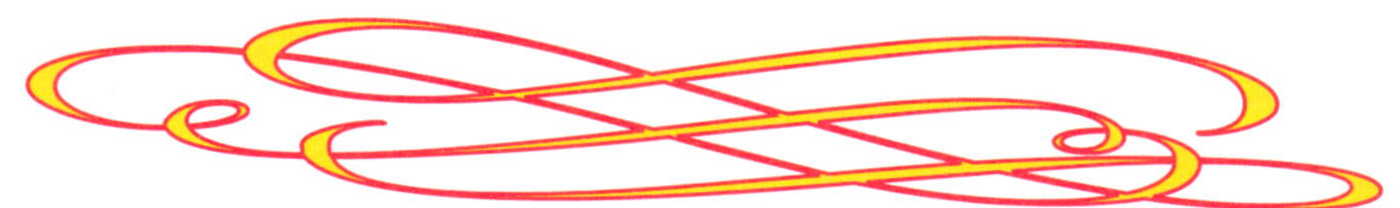

Adagio

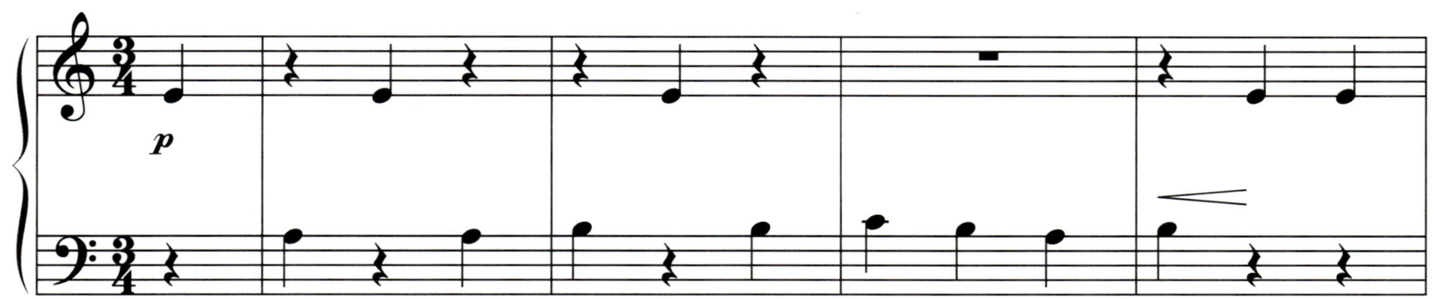

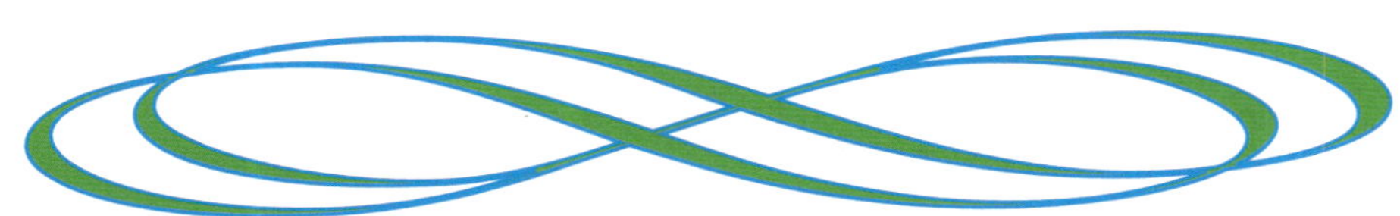

Sur le pont d'Avignon / On the Avignon Bridge

Blüh, Blume / Flower, Flower

AMA VERLAG

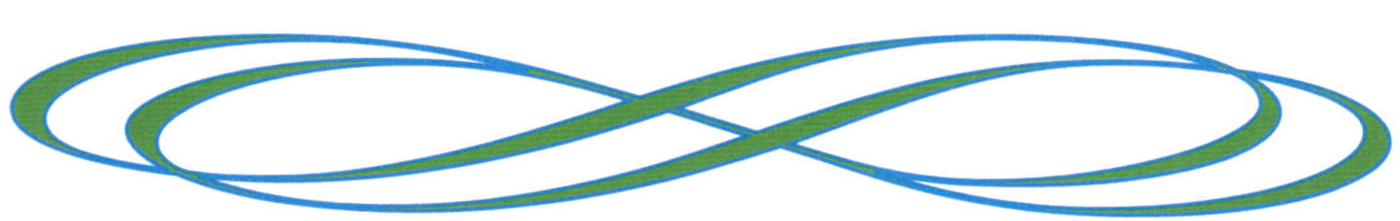

Sur le pont d'Avignon / On the Avignon Bridge

Blüh, Blume / Flower, Flower

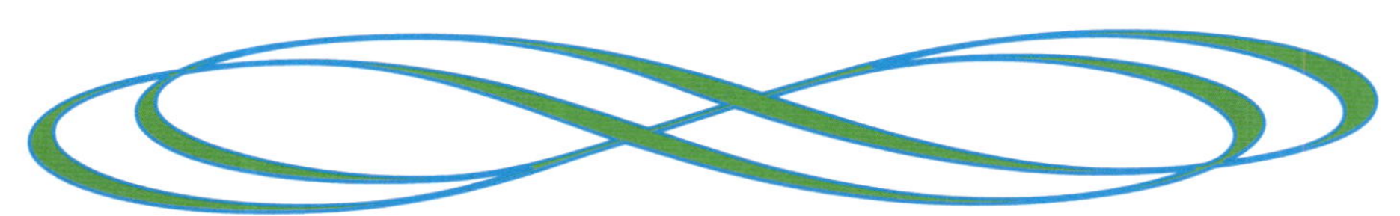

Lento

Ein Vogel saß auf einem Baum / A Bird Was Sitting on a Tree

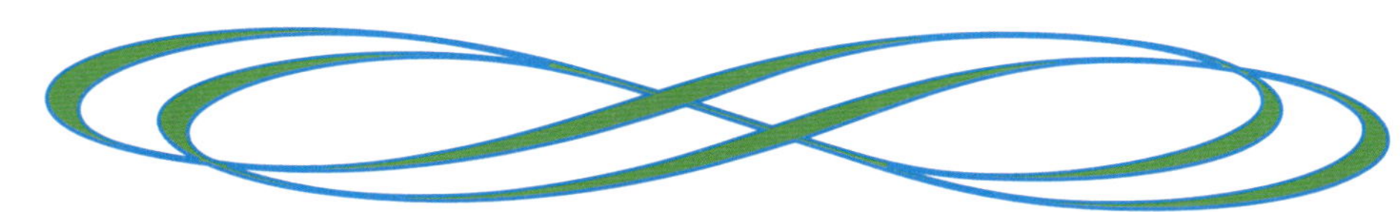

Lento

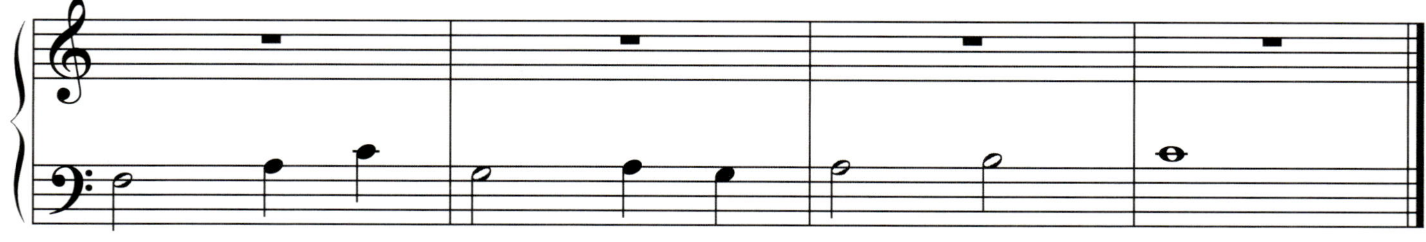

Ein Vogel saß auf einem Baum / A Bird Was Sitting on a Tree

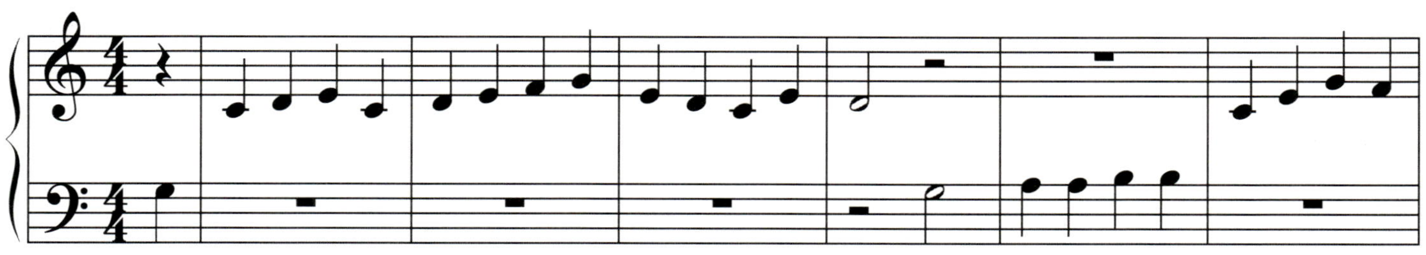

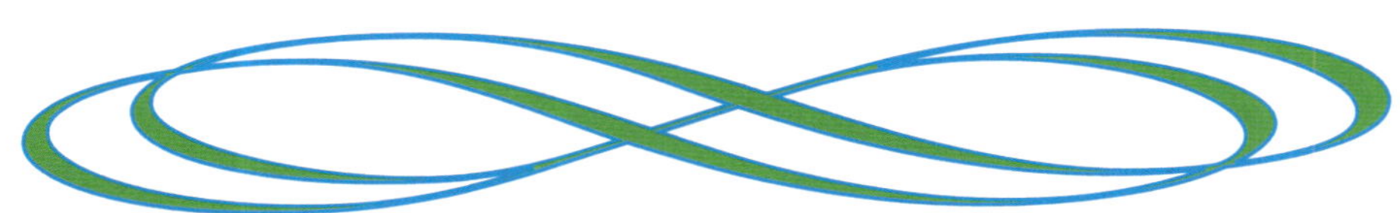

Andante

Moderato

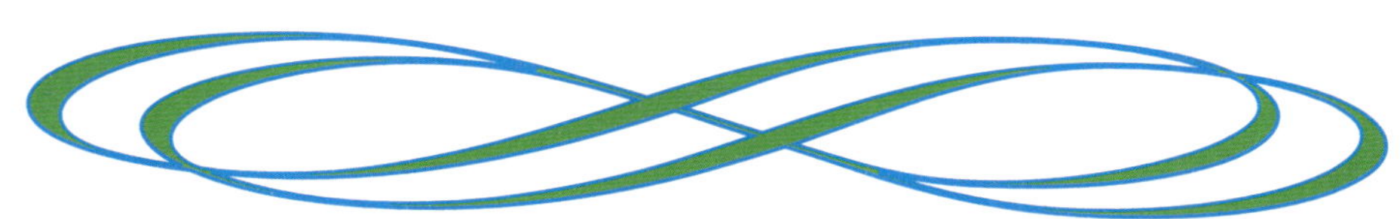

Andante

Moderato

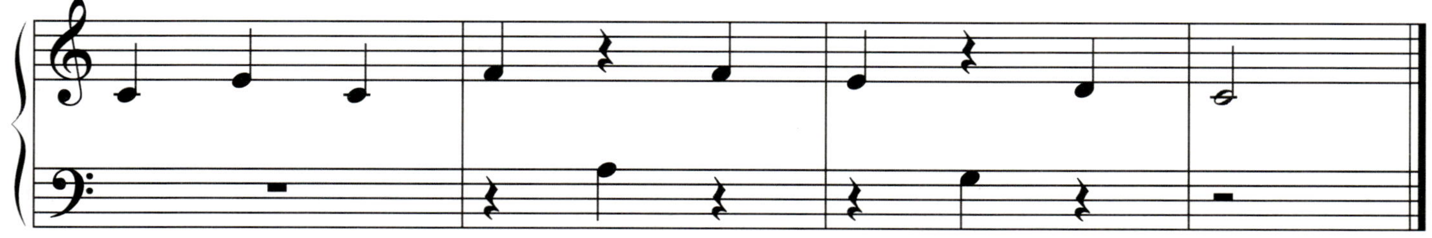

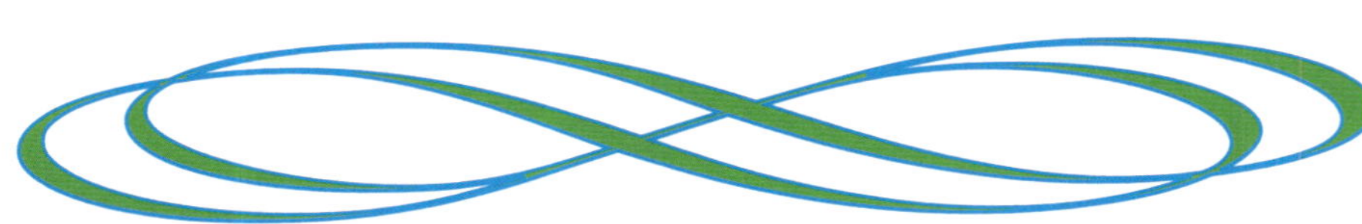

Die Handwerksleute ziehen durchs Land / The Craftsmen Are Moving Through the Country

Allegretto

AMA VERLAG

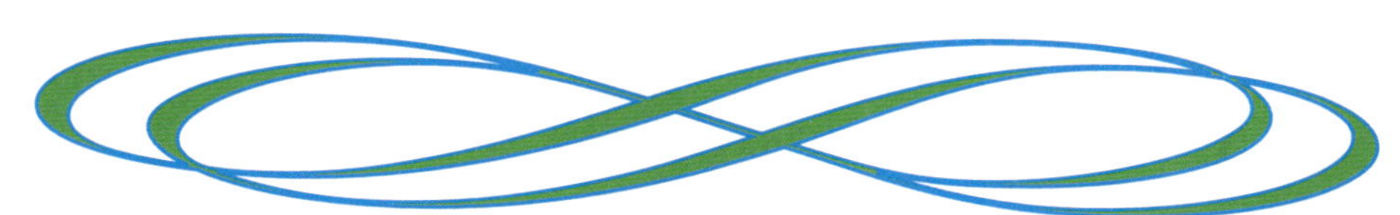

Die Handwerksleute ziehen durchs Land / The Craftsmen Are Moving Through the Country

Allegretto

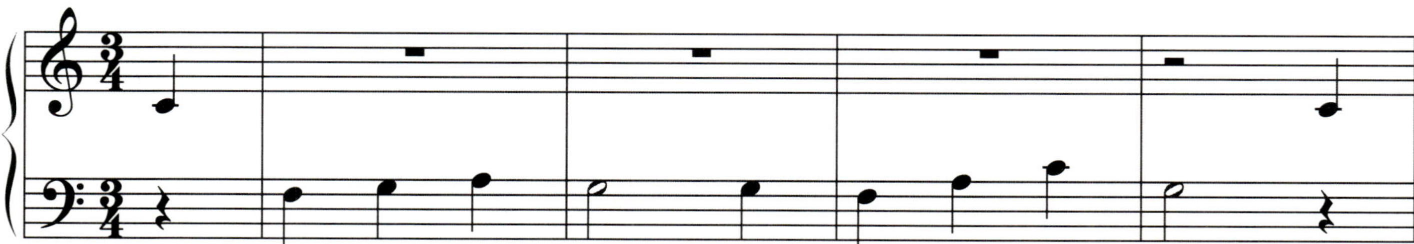

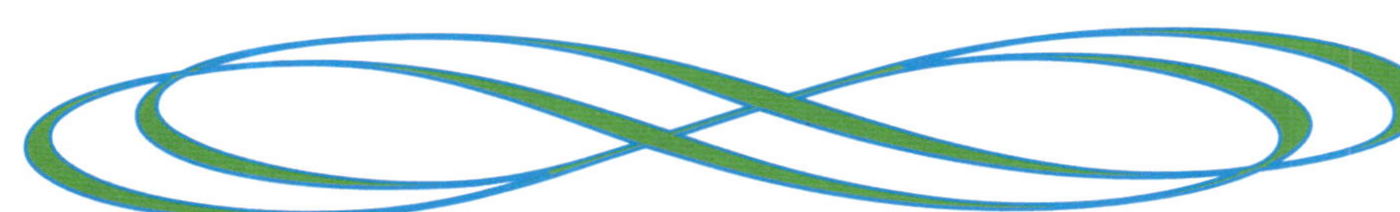

Im kühlen grünen Wald / In the Cool Green Forest

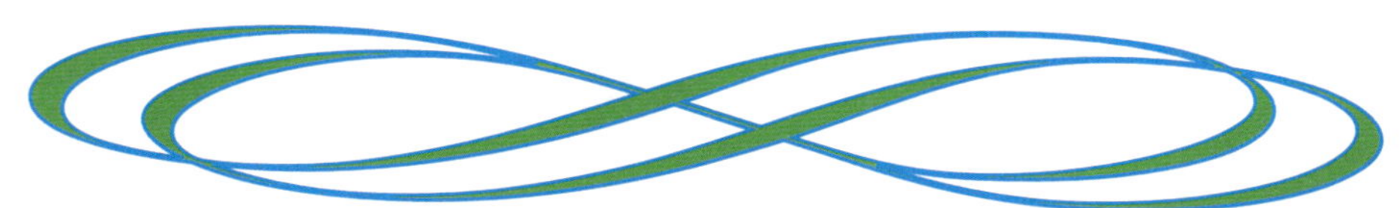

Im kühlen grünen Wald / In the Cool Green Forest

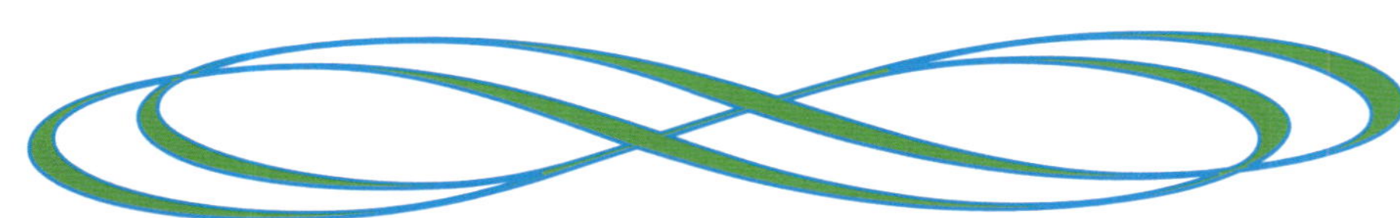

Wacht auf, wacht auf, der Tag beginnt / Wake up, Wake up, the Day Begins

AMA VERLAG

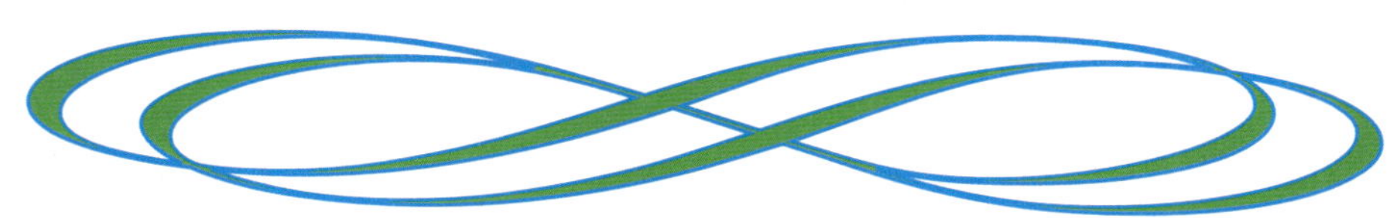

Wacht auf, wacht auf, der Tag beginnt / Wake up, Wake up, the Day Begins

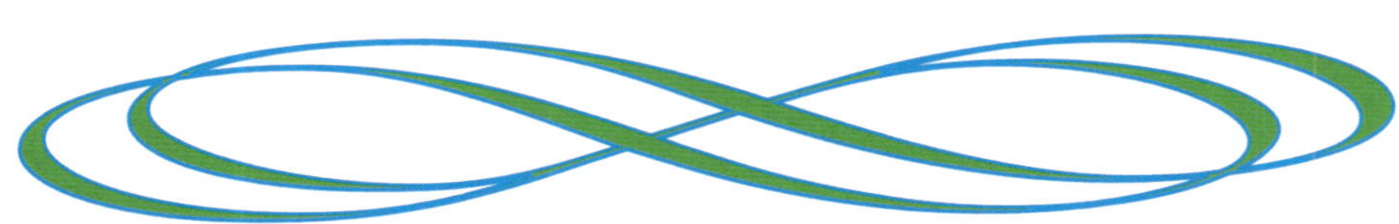

Moderato

AMA VERLAG

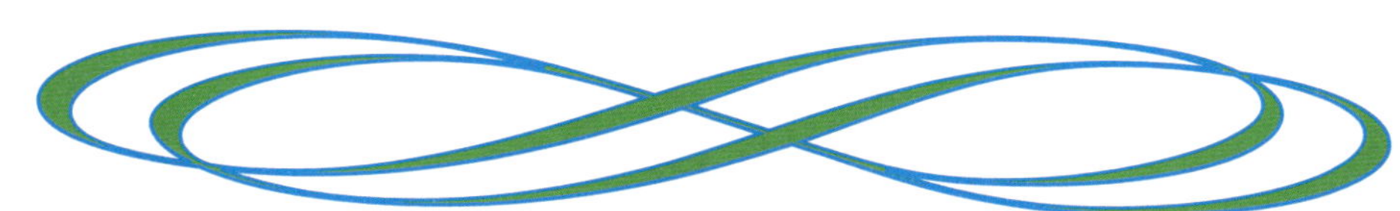

Moderato

... und weiter geht es mit Band 2!
... and we continue with volume 2!

Impressum

AMA Verlag GmbH
Postfach 1168
50301 Brühl
Germany

E-Mail: mail@ama-verlag.de
https://www.ama-verlag.com

Illustrationen: Manfred Drechsel (S. 10, 21, 27, 32, 33, 39, 43, 45, 48, 49, 66, 67, 69)
Redaktion: Harald Wingerter
Gesamtherstellung: Detlef Kessler

AMA 610546
ISBN 978-3-89922-279-1
ISMN M-50155-234-4

Imprint

AMA Verlag GmbH
P.O. Box 1168
50301 Bruehl
Germany

E-mail: mail@ama-verlag.de
https://www.ama-verlag.com

Illustrations: Manfred Drechsel (p. 10, 21, 27, 32, 33, 39, 43, 45, 48, 49, 66, 67, 69)
Editor: Harald Wingerter
Overall Production: Detlef Kessler

AMA 610546
ISBN 978-3-89922-279-1
ISMN M-50155 -234-4